Barbara Hipp

Stressbewältigung

– fit in 30 Minuten

Kids auf der Überholspur

Die Deutsche Bibliothek – CIP-Einheitsaufnahme

Hipp, Barbara:
Stressbewältigung : fit in 30 Minuten / Barbara Hipp.
- Offenbach: GABAL, 2001
(Kids auf der Überholspur)
ISBN 3-89749-130-3

Herausgeber: Das LernTeam, Marburg
Lektorat: Astrid Hansel, Frankfurt/Main
Layout, Illustrationen, Titel: Ulf Marckwort, Kassel
Illustration Rücktitel: Martina Foßhag, Kassel
Layout, Satz: Frank Werner, Kassel
Druck und Verarbeitung: Salzland Druck, Staßfurt

© 2001: GABAL Verlag GmbH, Offenbach

Hinweis:
Dieses Buch ist sorgfältig erarbeitet worden. Dennoch erfolgen
alle Angaben ohne Gewähr. Weder Autoren noch Verlag können
für eventuelle Nachteile oder Schäden, die aus den im Buch
gemachten Hinweisen resultieren, eine Haftung übernehmen.

Printed in Germany

ISBN 3-89749-130-3

auf die Überholspur!

Dieses Buch ist so konzipiert worden, dass du in kurzer Zeit erfährst, wie du deinen Stress besiegen kannst.

● Jedes Kapitel beginnt mit drei zentralen Fragen, die im Verlauf des jeweiligen Kapitels beantwortet werden.

● Nach jedem Kapitel werden die wichtigsten Inhalte noch einmal zusammengefasst.

Da dieses Buch so klar und deutlich strukturiert ist, kannst du es immer wieder zur Hand nehmen, um schnell die für dich interessanten Teile zu wiederholen. Das Stichwortregister wird dir dabei eine zusätzliche Hilfe sein.

Inhalt

Hallo und herzlich willkommen! 6

Einstiegstest: Wie gelassen bist du? 8

1. Guter Stress – schlechter Stress 10
Deine persönliche Spannungswippe 12
Wie reagierst du unter starkem Stress? 14
Wenn Stress krank macht – stressus satanis virosa 17

2. Alltag – der kleine Stress zwischendurch 20
Riffe, Haie, Unterströmungen 22
Zeit 24
Entspannung „under cover" 25
Peinlich und unerwartet 28
Von Sinnen 30

3. Schule – der große Stress 34
Wie du dich organisierst 36
Was du kannst und was du willst 37
Was du fühlst 38
Für den Bauch-Typ: Entspannung total 40
Für den Kopf-Typ: Platz für klare Gedanken 42
Für den Fuß-Typ: Anfangen statt abhauen 44

4. Beziehungen – der Mega-Stress   48

    Stress mit dir selbst und anderen   50

    Lieb mich – aber sofort!   51

    Beliebt, besser als andere und vor allem perfekt   52

    Was wollt ihr bloß alle von mir…   54

    Streiten?   55

    Streiten!   56

Dein Aktionsplan gegen Stress   59

7 Promi-Tipps
für mehr Gelassenheit   60

Weiterführende Bücher   61

Stichwortregister   62

Hallo und

herzlich willkommen!

„Stressbewältigung – fit in 30 Minuten?! Mensch, schon der Titel stresst mich!" Meine Freundin war nicht gerade begeistert, als sie ihre Meinung zu diesem Buch abgeben sollte: „Ich lass mir doch nicht vorschreiben, wie schnell ich lesen soll." Dann ist sie, eine echte Stress-Expertin, mit dem Buch auf dem Klo verschwunden, tauchte auf dem Küchensofa wieder auf, kicherte lesend im Wohnzimmersessel … Ich schlich derweil nervös um sie herum und wartete gestresst auf ihre Meinung.

Urplötzlich, ganz langsam und überall kann Stress auftauchen: Wenn du für eine Freundin ein Buch lesen sollst, aber viel lieber shoppen gehen würdest, zum Beispiel. Oder dringend deine Physiknote mit einem RelativitätstheorieReferat aufbessern musst. Wenn deine Eltern genervt sind, weil du als Weihnachtsgeschenk die Küche lila gestrichen hast und deine Erbtante unbedingt mit dir die 20. „Titanic"Wiederholung anschauen will. Bestimmt würden dich ein paar dieser Situationen stressen, andere würden dich völlig kalt lassen. Das liegt daran, dass du schon eine Menge Strategien hast, um mit Stress umzugehen. Meistens funktionieren sie – bis auf … na, du weißt schon … Dieses Buch ist nichts anderes als ein „Update" für deine Anti-Stress-Techniken.

Damit du schnell und ohne Stress die besten Tipps für jede Lebenslage findest, ist dieses Buch nach Situationen geordnet, die oft mit Stress verbunden sind.

- Zuerst wirst du seziert: Wie Stress mit dir und deinem Körper umspringt, zeigt dir das 1. Kapitel.
- Das Kapitel „Der kleine Stress zwischendurch" steckt voller plötzlicher, anstrengender und peinlicher Situationen, die dir ständig passieren können.
- Magenzerfetzender Schulstress wurde zusammen mit der Prüfungsangst in das 3. Kapitel verbannt.
- Den äußerst hinterlistigen Stress mit dir selbst und anderen findest du unter „Mega-Stress" (4. Kapitel).

Egal, ob du jetzt schon genial gelassen bist oder tief im Stress-Schlamassel steckst – du findest in jedem Kapitel viele Tipps und Übungen, um deinen Stress auszutricksen, zu verkleinern oder um leichter mit ihm umgehen zu können. Mit ein bisschen Übung wirst du zum Adrenalin-Surfer oder Stress-Experten.

Und darum: Viel Spaß beim Lesen und Ausprobieren!

Barbara Hipp
(www.lernteam.de)

Einstiegstest

Wie gelassen bist du?

Mit dem folgenden Test kannst du herausfinden, wie ausgeglichen du der Welt gegenüberstehst. Bewerte jede Aussage mit 3, 2, 1 oder 0 Punkten:

3 Punkte = Volltreffer! Genauso lebe ich.

2 Punkte = Das trifft nur ungefähr zu.

1 Punkt = Das ist nicht mein Stil.

0 Punkte = Willst du mich auf den Arm nehmen?

Meine Zeitplanung hat mich noch nie im Stich gelassen.

Ich verbringe täglich 2 Stunden meditierend im Lotussitz.

Kaffee und Cola – nichts für mich.

Schwierigkeiten und Streit vermeide ich grundsätzlich.

Ich hatte noch nie Muskelkater vom Lachen.

Prüfungsstress – kein Thema!

Äußerer Erfolg ist für mich ohne Bedeutung.

Ich habe einen festen Tagesablauf.

Ich könnte jederzeit an einem Marathon teilnehmen.

Zweifel an meinem Leben sind mir fremd.

Ich weiß auf jede Frage eine Antwort.

Augenringe wirst du auf meinem Gesicht niemals finden.

Freunde hat man, um erfolgreich zu sein.

39 bis 34 Punkte

Weichei! Heuchler! Bist du sicher, dass du lebst? Auf jeden Fall muss dir verdammt langweilig sein. Reg dich wenigstens über diese Auswertung auf – bitte! Du darfst dieses Buch auf gar keinen Fall lesen. Es könnte dein Leben verändern.

33 bis 16 Punkte

Du nimmst die Dinge sehr ernst und hast bestimmt beim Beantworten der Fragen nachgedacht. In jeder Aussage steckt eine kleine verdrehte Botschaft zur Gelassenheit. Finde heraus, welche für dich richtig ist. Dieses Buch soll dir dabei helfen. Viel Spaß damit!

15 bis 0 Punkte

Da bin ich aber erleichtert. Du kennst Stress sehr gut. Du bist der Überzeugung, dass man Stress nicht einfach abschalten kann und dass er zum Leben dazu gehört. Du weißt, dass Stress Spaß macht, und du ahnst, dass Gelassenheit lernbar ist. Du vermutest, dass Langeweile stresst und Anspannung entspannen kann.

Und du bist dir sicher, dass ich dich jetzt total verwirrt habe? Dann findest du in diesem Buch eine Menge Hinweise, Übungen und Tests mit (ehrlich!) ernst gemeinten Fragen, die dich auf der Suche nach Gelassenheit weiterbringen.

Viel Spaß beim Lesen!

1. Guter Stress
– schlechter Stress

Mal Hektik, mal Langeweile.
Warum ist man eigentlich nie wirklich ausgeglichen?

Muss Stress wirklich sein?

Welcher Stresstyp bin ich?

Stress macht Spaß

Stell dir vor, du wippst wild auf einer Wippe. Es schüttelt
dich ganz schön durch und du fliegst immer ein Stückchen
in die Luft, so dass es dir fast schon ein klein wenig Angst
macht. Genau das findest du Klasse. Und am meisten Spaß
hast du, wenn du ganz außen sitzt und richtig hochfliegen
kannst.

So ähnlich funktioniert Stress. Ja – Stress macht Spaß! Er
ist geradezu verantwortlich für Spaß. Das glaubst du nicht?
Die Wippe ist die Spannung in deinem Leben. In der Mitte,
auf der Achse, liegt die Ausgeglichenheit. Auf der rechten
Seite findest du zunehmende Spannung durch Belastung:
Also Interesse, Herausforderung, aber auch Anspannung
und Bedrohung. Auf der linken Seite findest du auch Spannung. Hier entsteht sie durch Erholung: Entspannung und
Gelassenheit, aber auch Langeweile und Gleichgültigkeit
liegen hier. Du kannst dich also auf beiden Seiten gut oder
unwohl fühlen.

An beiden Enden entdeckst du Begeisterung und Angst.
Denn je weiter außen du sitzt, desto größer ist der Abstand
zur Ausgeglichenheit, und die Spannung (= Stress) nimmt
zu. Und wenn's so richtig spannend war? Dann hat man
gigantisch viel Spaß oder auch Angst. Kannst du dir die
Spannungswippe vorstellen?

Deine persönliche

Spannungswippe

Zeichne deine persönliche Situation in die Spannungswippe unten ein. Sie hat eine Belastungsseite (rechts) und eine Erholungsseite (links). Finde darauf einen Platz für:

● Ausgeglichenheit, Ruhe
● Anspannung, Bedrohung, Interesse, Herausforderung
● Langeweile, Gleichgültigkeit, Entspannung, Gelassenheit
● Angst, gigantischen Spaß

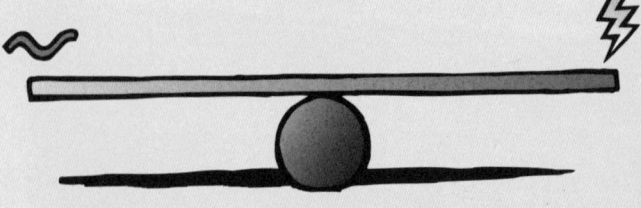

Hast du ein Erlebnis zu jedem Begriff? Auf welchem Platz der Wippe sitzt du in der Schule? Oder im Moment, während du liest?

Freu-Stress und Mies-Stress – reine Bewertungssache
Je weiter außen du auf der Spannungswippe sitzt, desto
höher ist dein Stress. Leider bist du nicht schwindelfrei,
und dir wird manchmal übel vom vielen Auf und Ab. Bisher
fühltest du dich wohl, das nennt man Eustress. Aber irgendwann reicht's. Dir wird schon ganz schlecht, und du willst
endlich Ruhe – dann wird Eustress schnell zu Disstress. Ob
du die Spannung genießt oder nervig findest hängt ab von:

● deiner Tagesform (Es ist ein guter Tag zum Wippen.)
● deinen Fähigkeiten (Ich kann mich nicht mehr halten!)
● deinen Erfahrungen (Ich wippe, seit ich 3 bin!)
● den Folgen der Situation für dich (Ganz schön tief!)
● den äußeren Bedingungen (Oh, Zuschauer!)

So kommst du zu dem Ergebnis:
a) Herausforderung: „Endlich kann ich zeigen, dass ich ein
echter Wipp-Profi bin."
b) Bedrohung: „Das geht in die Hose. Nichts wie weg!"
Du kannst also die gleiche Situation mal unangenehm stressig finden und manchmal darin ganz gelassen bleiben.

PS: „Stress" heißt für die meisten Disstress. Du weißt jetzt,
dass Stress eine gute Seite hat: Für Aktivität, Interesse, Erfolg, Genuss und Entspannung. Ohne Stress würdest du
völlig ruhig und ausgeglichen in der Mitte der Wippe sitzen.
Aber für immer? Wer will das schon?

Wie reagierst du
unter starkem Stress?

Bedrohung oder Herausforderung? Wie ist das bei dir?
Kreuze zutreffende Aussagen an.

1. Ich tue so, als ob nichts wäre.
2. Ich will alleine sein, weglaufen oder mich verstecken.
3. Ich bekomme Kopf- oder Magenschmerzen.
4. In mir wird es dunkelgrau, und ich fühle mich einsam.
5. Ich traue mir nichts mehr zu.
6. Lösungen, die ich sonst kannte, fallen mir nicht ein.*
7. Ich kann nicht mehr zuhören oder mich konzentrieren.*
8. Ich fühle mich ungerecht behandelt.
9. Ich werde pampig und meckere an anderen rum.
10. Ich bekomme Herzklopfen/schwitze an den Händen.
11. Ich sehe rot und rege mich fürchterlich auf.
12. Ich kann nicht mehr stillsitzen oder mich entspannen.
13. Ich muss mich dringend abreagieren.

Die Sätze 1–5 treffen auf dich zu? Dann verhältst du dich
wie ein stiller (introvertierter) Stresstyp. Sie jammern gern
leise und haben Angst, etwas zu verändern.
Deine Kreuze sind bei 8–13? Du reagierst wie der laute (ex-
trovertierte) Stresstyp. Er lässt seinen Stress auf andere nie-
derprasseln und verändert, ohne nachzudenken.
*-Sätze treffen auf beide Typen zu.

Die Lösung liegt auf der Hand: Der introvertierte kann vom extrovertierten Stresstyp viel abschauen – und umgekehrt. Denn beide Taktiken funktionieren oft, keine ist falsch. Beide sind aber auch veränderbar. Beobachte Freunde und Bekannte, und probier doch mal deren Stresstechniken aus.

Wie Stress mit dir umspringt

Kennst du „Dirty Dancing"? Dem Traummann gegenüberstehen und nichts anderes sagen können als: „Ich habe Melonen." Das ist nicht nur peinlich, das ist eine Horror-Vorstellung. Und es liegt am Stress: Traummänner sind eine Bedrohung (Traumfrauen auch). Für dein Herz, deinen Hormonhaushalt und für dein Leben. Deshalb reagiert dein Körper auf diese Gefahr – er will dich aus dem Stress rausholen, dich retten und schaltet alle Regelkreise um auf „Flucht" oder „Angriff". Das Gehirn schickt über das vegetative Nervensystem eine Botschaft an die Nebennieren, und die schütten Adrenalin aus. Dieser Stoff löst eine Kettenreaktion in dir aus: Dein Herzschlag und das Tempo deiner Atmung erhöhen sich. Dein Blutdruck steigt an (roter Kopf). Damit werden deine Muskeln stärker durchblutet und zusätzlich für den Sprint vorbereitet (Schwitzen). Um Energie zu gewinnen, wird Fett abgebaut (Bauch einziehen). Deine Pupillen weiten sich. Deine Gedanken kreisen nur noch um ihn – ähm, die Gefahr. Überflüssige Körperfunktionen werden verringert.

Zum Beispiel das logische Denken (Black-out), dein Schmerz-empfinden oder die Gehirnaktivität im Sprachzentrum. Deine Laune wird unberechenbar. In ausweglosen Situationen kann dein Körper auch auf „tot stellen" oder „verstecken" schalten. Dann wird deine Atmung flach und gepresst. Dein Blutdruck sinkt. Du fühlst dich schwach und absolut nieder-geschlagen. Weil weniger Sauerstoff in deinem Blut ist, tanzen Sterne vor deinen Augen, und du wirst ohnmächtig. Kein schönes Gefühl, ohne Macht zu sein.

Das Gleiche passiert in Klassenarbeiten oder wenn du das Geld beim Einkaufen vergessen hast, aber auch beim Sex, beim Sport, beim Tanzen – um dich wach, fit und reaktions-bereit zu machen. Adrenalin ist also nicht abschaltbar. Und es hat noch einen Vorteil. Du gewöhnst dich an den Stress. Beim nächsten Mal erlebst du die gleiche Situation viel ent-spannter, weil dein Körper weniger stark reagiert. Das funk-tioniert dummerweise nur, wenn du beim ersten Mal mit heiler Haut davongekommen bist.

Der Adrenalin-Kick

Für kurze Momente können wir auch Disstress genießen. Das Rauschen in den Ohren, Flattern im Magen, das ver-änderte Zeitgefühl. Deshalb gibt es Geisterbahnen, Bungee-Jumping und Kite-Surfer. Wenn du den Kick suchst, überleg kurz, welche Folgen er für dich hat.

Wenn Stress krank macht

stressus satanis virosa

Erinnere dich noch einmal an die Spannungswippe: Wenn du dich festklammerst oder so tust, als ob nichts wäre, dann wird dir immer übler und schwindliger. Du fühlst dich immer hilf- und kraftloser. Wahrscheinlich kippst du irgendwann einfach runter, in den Matsch. Ein uneleganter Abflug, der zudem gesundheitsschädlich ist. Ständiger Disstress macht krank. Wusstest du, dass in Deutschland Stresskrankheiten die häufigsten Todesursachen sind? Das Adrenalin im Blut schädigt auf Dauer das Herz-Kreislauf-System. Das Abwehrsystem wird überfordert, und es dauert länger, bis die Abfallstoffe gegen gesunde Stoffe ausgetauscht sind. Deshalb bist du häufig erkältet und fühlst dich schlapp. Wenn es noch schlimmer kommt, lauern Kopfschmerzen, ständige Wut oder Verzweiflung im Bauch, hilflose Traurigkeit (Depression), Magengeschwüre, Panik oder Herzinfarkt.

Das Gegengift? Was würdest du auf deiner Wippe tun? Logisch! Zur Mitte rutschen, die Spannung verändern, auf die andere Seite kommen…

In den nächsten Kapiteln findest du deshalb Tricks,

● um in Stressphasen länger durchhalten zu können,
● um ruhiger und entspannter zu werden,
● um Stress auch genießen zu können,
● um Stresssituationen selbst in den Griff zu kriegen.

Der Weg zum Stress-Profi

Nein – du sollst dieses Buch nicht auswendig lernen. Damit es dir leichter fällt, Tipps zu entdecken, die für dich genau richtig sind, solltest du möglichst viel über dich im Stress wissen. Und deshalb der Eingangs-Check für angehende Stress-Profis. Nimm dir nur eine Minute Zeit, um die Fragen zu beantworten.

Eine Klassenarbeit wird angekündigt. Das Thema fällt dir schwer, eine gute Note ist für dich sehr wichtig. Dir bleiben nur zwei Tage Vorbereitungszeit.
1. Welche körperlichen Reaktionen spürst du? (Zähle mit!)
2. Was geht in den nächsten Stunden in deinem Kopf vor? (Wie viele Klassenarbeits-Gedanken kannst du aufzählen?)
3. Wie verändert sich dein Verhalten? (Gibt es dein typisches Stressverhalten?)

Auswertung

Alle drei Fragen checken deine Reaktion auf Stress. Welche konntest du am leichtesten beantworten? Bei welcher ist dir wirklich viel über dich eingefallen?

Frage 1: Bauch-Typen. Unter Stress gerätst du ins Schwitzen, kannst nicht mehr essen oder bekommst Durchfall. Für Bauch-Typen ist es wichtig, eine funktionierende Entspannungstechnik zu finden, damit die Magenkrämpfe sich lösen und du wieder atmen kannst.

Frage 2: Kopf-Typen. Du neigst dazu, dir unter Stress viele Gedanken zu machen. Sie kreisen um die Klassenarbeit (oder ein anderes stressiges Problem), und ein dichter Nebel entsteht vor deinem Gehirn, den kein Wissen durchdringen kann. Du reagierst auch oft mit Selbstvorwürfen auf kleine Pannen. Kopf-Typen sollten einen Weg finden, kreisende Gedanken abzustellen und sich selbst positiver zu sehen.

Frage 3: Fuß-Typen. Dein Problem sind die tausend Aktionen, die dir einfallen, um nicht lernen zu müssen. Du stehst stundenlang am Fenster, du spielst erst noch schnell ein PC-Spiel zu Ende…, alles, um vor dem Stress des Lernens wegzulaufen. Fuß-Typen brauchen keine Fußfesseln, aber ein paar Tipps, um sich selbst leichter zu kontrollieren und endlich anzufangen.

Zusammenfassung

● Stress ist immer da. Du brauchst ihn, um überhaupt an etwas Interesse zu entwickeln oder Spaß zu haben.
● Unangenehmen Stress empfindest du, wenn dir die Situation bedrohlich und unkontrollierbar erscheint. Du reagierst dann mit deinem ganzen Körper. Für jeden Stress-Typ gibt es Anti-Stress-Techniken.

2. Alltag
– der kleine Stress zwischendurch

**Schule – Clique – Familie – überall Stress!
Kann man das nicht ändern?**

**Wie reagiert man entspannt
in peinlichen Situationen?**

**Solarium und Fitnesscenter –
hilft das wirklich gegen Stress?**

Surfin' Adrenalin

Die Welle steht gut, der Wind stimmt. Schau noch einmal auf die wartenden Surfer, die immer befürchten, dass ein Hai in der Nähe sein könnte oder sich eine Flutwelle aufbaut. Du zuckst die Schultern über die, die noch nicht mal gemerkt haben, dass die Flut schon da ist. Dann klemmst du dein Board unter den Arm und los! Ein guter Surfer kennt sein Revier. Er weiß, wo versteckte Gefahren lauern. Er kennt seine Fähigkeiten und kann auf viel Erfahrung zurückgreifen. So fällt es ihm leicht, Welle und Wetter einzuschätzen. Er entscheidet, ob dieser Tag gut ist, um neue Tricks auszuprobieren, einfach mit der größten Welle zu spielen oder besser Golfen zu gehen. Er beobachtet, um lange, sicher und mit Spaß auf dem Wasser zu bleiben.

Lust auf Surfen?

Dieses Kapitel soll dir Möglichkeiten zeigen, wie du mit Stresswellen spielerisch klarkommst. So kannst du Stress und gerade deshalb auch Spaß haben. Dafür schnorcheln wir erst mal und betrachten uns Haie, Riffe und Unterströmungen. Du trainierst dein Gleichgewicht und erlernst ein paar neue Surf-Techniken, z. B. wie du im Wasser wieder auf das Brett steigst. Schließlich bist du bereit für deine erste Welle. Am Schluss liest du, wie du den Abend nach einem Tag auf dem Wasser so richtig genießen kannst. Auf geht's …

Riffe, Haie,

Unterströmungen

Das, was dich in Disstress versetzt, nennt man einen Stressor. Erinnere dich kurz an letzte Woche. Wann warst du im Disstress? Wann hast du plötzlich sehr heftig reagiert oder wolltest nur noch alleine sein? Notiere alles auf dieser Seite (oder auf einem Zettel).

Du kannst die Stressoren leicht einteilen. Wenn du willst, markiere sie farbig auf deiner Liste:

- Physikalische Stressoren: Äußere Einflüsse, die dich stressen, wie z. B. Unerwartetes, Lärm, Telefonklingeln.
- Leistungsstressoren: z. B. schwere Hausaufgaben, Langeweile, Überforderung, keine Abwechslung, Zeitdruck.
- Soziale Stressoren: Anspannende Situationen mit deinen Mitmenschen, wie Konkurrenz in der Schule, Streit in der Familie, Mobbing in der Clique.

Bei einer Umfrage unter jungen Erwachsenen (18–25 Jahre) ist folgende „Hitliste" der Stressoren entstanden:

1. zu viel Arbeit/zu viele Termine
2. Prüfungen
3. Probleme mit Freund/Freundin
4. Geldmangel
5. persönliche Probleme
6. Freizeitstress
7. unvorhergesehene Ereignisse
8. Krankheit
9. überflüssige Tätigkeiten (Suchen, Warten)
10. Angst vor unangenehmen Ereignissen

Wie sehen deine Top Ten aus? Du bist der oder die einzige, der oder die hier etwas verändern kann. Erwarte nicht, dass andere es tun. Suche dir zuerst einen ärgerlichen Stress aus und hau ihm dieses Buch um die Ohren.

Zeit

Wie wichtig ist dir Zeit? Sehr, aber du hast nie welche? Du musst heute… und dies und das, Nico und Linda, ach, der Hund ja auch noch? Wohin verschwinden täglich deine 24 Stunden? Notiere alles, was du erledigen musst und willst. Am besten in einem Wochenplan. Unterscheide dabei farbig:

1. Aufgaben, also Lernen, Pflichten im Haushalt usw. (blau)
2. Termine. Das sind feste Dates, wie Kurse, Training, Nachhilfe, Schule usw. (rot)
3. Quetsch-Termine. Gedachte Termine. In jede freie Minute quetschen sie sich rein, und du glaubst, sie unbedingt erledigen zu müssen. Heute noch schnell die neue Prepaid-Card kaufen, das Spiel runterladen… (gelb)

Alles bunt? Kein Weiß mehr? Ist da überhaupt noch Zeit für dich? Oder bist du eingezwängt zwischen rot, gelb und blau?

● Plane deine Zeit. Nicht für neue Quetsch-Termine, sondern um den Überblick zu behalten und für wirkliche Freizeit.
● Jeden Montag vier Stunden Angeltraining? Termin-Check! Hast du mit ihnen Freude, Gewinn oder Freizeitstress?
● Erledige nur zwei „Quetsch-Termine" pro Tag. Einmal pro Woche sagst du sie ganz ab.
● Gib dir Zeit. Zehn Minuten am Tag nur zum Nachdenken. Du bist allein, tust etwas „Zweckfreies" oder einfach nichts.

Totale Chaos-Typen finden eine Menge Tipps zur Zeitplanung in „Zeitmanagement für Kids" in der 30-Minuten-Reihe.

„under cover"

Spannung geht nicht nur unter die Haut, sie entsteht auch dort. Wenn du das weißt und auf deinen Körper achtest, verändert sich Stress „wie von selbst".

Schlaf

25 Prozent der Bundesbürger leiden unter Schlafmangel. Dabei wäre Schlaf die natürlichste Anti-Stress-Technik. Beim Träumen erholst du dich optimal. Einschlaf-Probleme? Fernsehen, Internet-Surfen oder PC-Spiele aktivieren dein Gehirn, obwohl du todmüde bist. Ein übler Stresszirkel entsteht:

GESTÖRTER SCHLAF

FEHLENDE ERHOLUNG

KONZENTRATIONS-SCHWIERIGKEITEN

SCHLECHTERE LEISTUNGEN

STRESS PRÜFUNGSANGST

- Sorg für acht Stunden Schlaf in der Nacht, besonders vor Prüfungen. Hol fehlenden Schlaf nach.
- Üb eine Entspannungstechnik oder geh noch mal raus.
- Versuch nicht, noch etwas Neues zu lernen.
- Erzähl deine kreisenden Gedanken. Führ ein Tagebuch.
- Schlaf nicht in der Nähe von elektrischen Geräten.

Ernährung

Bauch-Typen spüren es schnell: Heißhunger auf Schokolade oder nichts mehr essen können. Gerade im Stress braucht dein Körper eine ausgewogene Ernährung.

- Trink viel. Apfelsaftschorle ist ideal. Vermeide Kaffee und schwarzen Tee. Koffein verlangsamt den Adrenalinabbau.
- Burger? Mit Salat und Tomate! Dein gestresster Körper braucht vermehrt Vitamine. Gleiche Junk-Food durch viel Obst und Gemüse aus.
- Fett stresst. Diäten auch – und sie machen dick. Nur viel Bewegung gleicht Kalorien-Stress aus.
- Frühstücke auf jeden Fall, spätestens in der Schule.

Sport

„Vom Schreibtisch weg? Sauerstoff und Muskelmarter?! Ich habe viel zu viel zu tun!" Regelmäßiger Sport trainiert deinen Körper auch darin, Adrenalin abzubauen. So reagierst du im Stress wesentlich entspannter. Ausdauertraining erhöht den Anteil von Sauerstoff in deinem Blut, und den brauchst du, um dich länger konzentrieren zu können. Außerdem lernst du beim Sport attraktive, interessante Typen (dich selbst?!) kennen. Und wirklich: Sport macht glücklich. Der Zeitaufwand lohnt sich immer. Gerade für Gestresste wie dich!

Ordnung

Alles Leben ist Problemlösen und Kampf gegen den Schmutz.
Putzfrau, Metro, Paris

Weißt du, wie viel Zeit im Leben allein mit der Suche nach Schlüsseln verbracht wird? 3 Monate! Trotz aller Chaos-Beherrschung treibt ein fehlendes Wörterbuch vor einer Englischarbeit den Adrenalinspiegel ganz schön in die Höhe. Du sparst Zeit und Energie, wenn dein Zimmer ein „Spiegel deiner ausgeglichenen Seele" ist – wenigstens zwei Mal im Jahr. Noch wichtiger gegen Stress ist deine „innere Ordnung". Musst du dort auch dein Chaos beherrschen?

Langeweile

Viel schlimmer als zu viel Stress kann fehlende Spannung sein. Also, gönn dir mal ein bisschen mehr Stress.

- Erzähl anderen von deinen Zielen. Das setzt dich unter Druck.
- Such dir eine Mini-Herausforderung: Da war doch noch das nicht zusammengebaute schwedische Regal, der Zahnarzt-Termin (ohne Betäubung?), jemand, den du endlich mal kennen lernen wolltest…
- Tu genau das, von dem du sagst, dass du es „nie tun würdest" (legal natürlich!). Lege deiner Freundin eine Gurkenmaske auf, geh in eine Ausstellung moderner Eierskulpturen oder lerne freiwillig.
- Reiz die Langeweile extrem aus. Stress dich durch exzessives Desinteresse und übertriebene Schlaffheit.

Angst haben wir nicht, weil wir über Zukünftiges nach-
denken, sondern weil wir die Zukunft kontrollieren wollen.
Khalil Gibran

In einen Hundehaufen treten und dann im warmen, über-
füllten Fahrstuhl stecken bleiben? Im Freibad beim Anblick
deiner Traumfrau auf dem Bauch liegen müssen …?

Stress entsteht, wenn du dich überfordert fühlst (siehe
Kapitel 1). In solchen Situationen wandert der Wohlfühlfaktor
bedrohlich gegen null. Wie entrinnst du dem Disstress?
Erkläre deine Situation zur Herausforderung. Stell dir vor,
du hast den Auftrag, die Welt zu verändern:

● Welcher Sinn liegt in dieser unangenehmen Situation?
● Was kann sich positiv verändern, wenn du sie bewältigst?
● Welche deiner Talente kannst du einsetzen, um die
  Situation ins Gute zu kehren?

Ein Beispiel

Die Latein-Vokabeln werden abgefragt. Du hast vollkommen
vergessen, sie zu lernen. Natürlich kannst du jetzt mit
schwitzenden Händen darauf warten, dass du dran kommst.
Aber nein, held(inn)enhaft gibst du der eintretenden
Katastrophe einen Sinn. Du zeigst deiner Klasse, dass du,
trotz Eintrag, mehr von Direktheit als von Ausreden hältst.
Deine Stärken: Entwaffnende Ehrlichkeit, dramatisches

Talent: „Mein Problem ist akute Vergesslichkeit. Und das in meinem Alter, ich bin verzweifelt."

Klingt ein wenig gestelzt, wenn man es liest, ich weiß.

Probier es selbst. Hier sind ein paar Trainingssituationen:

- Du wirst im Bus beim Schwarzfahren erwischt – sorry, natürlich hast du nur dein Monatsticket vergessen – , aber das sieht der Kontrolleur natürlich nicht so. Alle schauen schon nach dir. Was ist gut daran?
- Du kommst in eine neue Schule. Leider hat man dir nicht gesagt, dass dein supergeiles Augenbrauenpiercing hier für eine subkulturelle Entgleisung gehalten wird. Welche Fähigkeit hilft dir?
- Dein Zeugnis ist eine Katastrophe. Du hast es nicht übers Herz gebracht, deinen Eltern von zwei Fünfern in den Hauptfächern zu erzählen. Beim Mittagessen legst du das Zeugnis auf den Tisch. Wie reagierst du?

Fallen dir gelassene Reaktionen auf deine selbst erlebten Peinlichkeiten ein?

Was das Ganze bringt? Deine Erfahrungen beeinflussen dich. Jedesmal, wenn Stress auftritt, greifst du auf sie zurück. Suche deshalb (spätestens hinterher) in deinen Niederlagen die versteckten Erfolge. So lernst du beim Verlieren zu gewinnen. Stehe zu deinen Schwächen. Wer andere nicht besser sein lassen kann, verliert seine Gelassenheit.

Sinnlichkeit nennt man das Verwöhnen von allen Sinnen. Augen, Ohren, Nase, Zunge und Haut sind dafür verantwortlich, dass du die Welt erleben kannst. Tu deinen Sinnen etwas Gutes, dann lassen sie dich die Welt anders erleben. Es geht ums Genießen, und das ist nicht nur was für „Große". Genuss ist der faire Ausgleich für heimtückischen Alltagsstress. Finde heraus, was dir gut tut, und gönn es dir regelmäßig. Ergänze deine persönliche Sinnlichkeitsliste:

Für die Nase
Blumen
Duftöle, Parfüm
frisches Obst

Für die Ohren
Musik hören
Musik machen
Konzerte

Für die Haut
Badewanne, Sauna
Zärtlichkeit
Massage, Eincremen

Für den Mund
Kochen, Essen gehen
Küssen
Heißer Kakao mit Sahne

Für die Augen
Lesen
Träumen
Kino, Museum, Theater
Farben, Licht, Kerzen
Flirten

Und außerdem
Draußen sein
Sport, Malen, Schreiben
Abtanzen, Party
Freunde treffen
Einkaufen

Wenn andere gestresst sind

„Mit dir kann man kein Wort reden – nie hörst du zu." Die anderen um dich herum haben Stress, und du wirst auch schon ganz nervös? Setze doch deine Sinnlichkeitsliste für Freunde oder deine Eltern ein. Organisiere für sie genussvolles totales Abschalten. Übrigens ist das ein perfektes Geburtstagsgeschenk oder die strategische Vorbereitung auf eine unangenehme Nachricht. Überlege vorher, welche ihrer Sinne die Stressbefallenen normalerweise entspannen. Finde etwas Ähnliches und kombiniere neu. Eine solche Kombination könnte z. B. ein Rosmarin-Bad mit Kerzen und einer Lyrik-CD sein. Ein selbst kreiertes Menü, schön angerichtet zu perfekt ausgewählter Musik. Der Sommernachts-Vollmond-Spaziergang mit einem Lila-Lavendel-Weiße-Rosen-Strauß. Das Frühstück im Bett mit frischem Orangensaft und Toast oder der wilde Regentanz, bis man nass ist bis auf die Knochen.

Welches ist deine Lieblings-Sinnes-Mixtur?

Die Anti-Seite

Herzlich willkommen zur Verleihung der bleiernen Zitrone!
Auch in diesem Jahr sollen die häufigsten sinnfreien Taktiken
gegen Alltags-Disstress prämiert werden. Die bleierne Zitrone
geht an:

1. Platz: Tägliches Dauerfernsehen bis zum Einschlafen
In den USA läuft der Fernseher durchschnittlich 7 ¼ Stunden
am Tag. Fernsehen informiert selten, entspannt nur scheinbar,
verhindert den Kontakt zu anderen Menschen und bringt
keine positiven Erfahrungen. Ein verdienter 1. Platz.

2. Platz: Alkohol zum Entspannen
Alkohol als Einschlafhilfe? Zum Abschalten, Aufpeppen oder
Hemmungen abbauen? Vielleicht auch noch gegen Einsam-
keit? Missbrauch statt Stressabbau – ein eindeutiger Kandidat
für die bleierne Zitrone.

3. Platz: Selbstzerstörung
Nichts mehr oder anfallartig essen, sich verbrennen oder
cutten – im Stress sich kurz selbst spüren. Aber verbessert
sich etwas für dich durch die Qual und den Schmerz? Lerne
dich selbst wirklich genau kennen. Stell deine Fragen an
dich. Trau dich!

Das Leben ist so kompliziert, weil es uns erst testet und hinterher erklärt. George Sheehan

Zusammenfassung

● Stress wird erst dann zu Disstress, wenn er dir über den Kopf wächst. Wenn du Schwierigkeiten und deine Fähigkeiten kombinieren kannst, wirst du Anspannung nicht als Disstress erleben. Mache dir deshalb klar, wo deine Stärken liegen und welche Talente du hast. Versuche Stresssituationen positiv zu bewerten, besonders, wenn du hinterher über sie nachdenkst. Die meisten Situationen wiederholen sich, und durch Nachdenken hast du dein Erlebnis zu einer Erfahrung gemacht. Beim nächsten Mal bist du vorbereitet. Ein Erfolgstagebuch kann dir helfen, deine Heldentaten nicht zu vergessen.

● Wer immer unter Strom steht, schaltet leicht auf „Overflow Error". Ausreichend Schlaf, eine ausgewogene Ernährung und regelmäßiger Sport lassen dich im Stress länger durchhalten. Gegen unerwartete Ereignisse kann man nichts machen. Wäre ja auch langweilig. Wenn dann trotzdem alles zusammenkommt, solltest du deinen Sinnen etwas gönnen. Ein fairer Ausgleich, den du verdient hast – findest du nicht?

3. Schule

– der große Stress

Was macht Schule eigentlich so stressig?

Warum kann ich zu Hause alles,
mache es in der Prüfung aber trotzdem falsch?

Welche Entspannungstechnik passt zu mir?

Dein Deutschlehrer bittet dich, in der nächsten Woche ein Referat über Schiller zu halten. Natürlich wird die ganze Klasse zuhören. Es gibt bald Zeugnisse, deine letzten Noten waren mies, deine Versetzung ist gefährdet.

Und? Bist du spontan begeistert? Oder spürst du das leichte Flattern im Bauch? Was hörst du in deinem Kopf?

„Na toll, ein Referat. Wo ich doch immer stottere. Ich wusste, dass X (der Lehrer) mich nicht leiden kann. Er will mir nur endgültig die schlechte Note geben. Ade Versetzung, das schaffe ich nie." Ein klarer Fall von Schulstress:

● Du ahnst nur, wie deine Klasse und dein Lehrer reagieren.
● Du weißt nicht, wie du bewertet werden wirst.
● Das Ergebnis ist sehr wichtig für dich.

Schulstress wird noch schlimmer, wenn

● du schon ein Referat vergeigt hast (Erfahrung),
● Schiller für dich eine Fischsorte ist (fehlendes Wissen),
● du auch für andere Fächer üben musst (Organisation).

15 Prozent aller Schüler haben Prüfungsangst. Direkt vor Klassenarbeiten erhöht sich diese Zahl auf 50 Prozent. Sich selbst organisieren und lernen hilft. Und dann gibt's da noch dieses Kapitel: Voller Tricks gegen die Panik im Kopf, gegen Bauchschmerzen und die Schwierigkeit, endlich mit der Vorbereitung anzufangen.

Wie du dich

organisierst

Tante Käthe sollte es wissen. Ein gutes Spielmanagement nimmt dir eine Menge Stress. Wenn du den Grund für Schulstress hier findest, kannst du ihn recht leicht abstellen. Geh einfach die Checkliste durch.

Das Endspiel

Wann wird der nächste Test sein? Wie viele Lerntage habe ich noch? Wie lange dauert die Prüfung? Welches Ergebnis kann ich (realistisch) erreichen?

Equipment

Ist mein Lernmaterial vollständig? Habe ich es übersichtlich geordnet? Welche Hilfsmittel darf ich legal verwenden?

Taktik

Habe ich einen Überblick über den Lernstoff? Kann ich Unterthemen oder Lernabschnitte einteilen?

Training

Wie viel Zeit brauche ich – Wiederholungen inklusive – für diesen Stoff? Habe ich andere Aufgaben/Termine eingeplant?

Zuschauer

Sind Familie und Freunde über meine Prüfung informiert? Habe ich meine Zeitplanung mit ihnen besprochen?

Schiri

Worauf legt dein Lehrer Wert? Welche Fragen stellt er gerne? Hat er Gewohnheiten, auf die du dich einstellen kannst? Organisationslücken?

Was du kannst und

was du willst

„Another brick in the wall…" – Schulwissen mauert dich ein? Warum lernst du? Hast du Vorteile davon? Kannst du auch lernen *wollen*, statt es immer nur zu *müssen*? Deine Talente und dein Wissen, aber auch deine Einstellung zum Lernen helfen dir gegen Stress. Du lernst um 100 Prozent leichter, wenn du es willst. Fang an, selbst zu mauern, baue dein eigenes Haus – mit deinem Ziel vor Augen, in deinem Stil, weil es dir wichtig ist.

Checkliste für hausgemachtes Wissen

Thema: Was behandeln wir? Was weiß ich schon darüber? Welche Fragen sollten mir beantwortet werden?
Langeweile: Wie gestalte ich mein Lernen interessant? (Internet? Freunde?)
Lernen: Welche Lerntechniken helfen mir? Wie oft brauche ich Pausen?
Schwierigkeiten: Bin ich auf Aufwärmphasen und Durststrecken innerlich eingestellt? (Denn die sind normal!)
Hilfe: Welche Fragen kann ich nicht selbst beantworten? Wer kann mir helfen? Kann ich Teilaufgaben an andere abgeben?

Mauern strengt an. Damit solltest du rechnen. Denk an die Dinge, die du schon geschafft hast, das ist eine Menge!

Was du fühlst

Ein kleines Alien schwebt zufällig durch unsere Galaxis und beobachtet die Vorgänge auf der Erde. Irgendwo wurde gerade eine misslungene Klassenarbeit zurückgegeben. Das kleine Alien blinzelt erstaunt, während es die Schüler betrachtet. Sie …

● sind still oder beschließen, nie wieder etwas zu lernen,
● betonen ihr dickes Fell („Das macht mir doch nichts aus"),
● geben an („Endlich hab ich die schlechteste Note"),
● lästern, schimpfen und machen alles und jeden schlecht,
● brüllen, schlagen um sich,
● schieben die Schuld auf den Lehrer, das Wetter und das Glück der anderen.

Völlig unverständlich. Warum machen Erdlinge so viel Wirbel um ein paar Tintenflecke auf Papier? Es sind doch nur Zahlen.

Du kennst es aus deiner eigenen Klasse und weißt, warum Menschen so reagieren: Einerseits sind da die Folgen einer verunglückten Note: Das schlechte Zeugnis, Ärger mit der Familie, die Wiederholung der Klasse. Zum anderen ärgert so eine Bewertung, oder sie macht traurig. Das liegt daran, dass jeder Mensch vor sich selbst gerne einen möglichst hohen Wert haben möchte. Und dieses Selbstwertgefühl ist auch abhängig vom Urteil anderer über dich. Die „Erdlinge" versuchen also, eine Erklärung zu finden für schlechte Bewertungen, besonders, wenn sie die Bewertung ungerecht finden. Sie wollen sich selbst wertvoll bleiben.

Stress in Prüfungen entsteht also, weil du sie als Attacke auf dein Selbstwertgefühl empfindest. Deshalb kann es passieren, dass du zu Hause lernst und alle Aufgaben beherrschst, aber in der Prüfung selbst sind all dein „Systeme" blockiert.

Mentales Training

Nimm dir Zeit – spätestens vor der nächsten Prüfung – , um die folgenden Fragen zu beantworten:

- Gibt es etwas, was du am Thema/Fach magst?
- Welche Note wünscht du dir? Welche ist realistisch?
- Was verändert sich wirklich, wenn du eine schlechtere Note schreibst? Welche schulischen Folgen hat eine schlechtere Note? Verlierst du deine Freunde? Werden dich deine Eltern gegen ein Kamel eintauschen?
- Bist du noch der- oder dieselbe, wenn deine Noten anders sind, als du erwartest?
- Was ist dir persönlich tausend Mal wichtiger als jede Bewertung der Welt?

Diese Fragen kannst du übrigens auch stellen, falls du nicht versetzt wirst, die Schule wechseln musst oder nicht zur Schülerin des Jahres gewählt wurdest.

Für den Bauch-Typ:
Entspannung total

Es gibt viele Strategien, die dir helfen können, mit der Prüfungsangst leichter umzugehen, ohne den harten Kerl oder das böse Mädchen spielen zu müssen. Und weil du schon herausgefunden hast, ob du mit dem Bauch, dem Kopf oder den Füßen zuerst auf Stress reagierst, findest du hier Tricks für den Bauch-, Kopf- und Fuß-Typ. Erfinde dein eigenes Entspannungsmenü. Voilà, das Rezept:

Man nehme

- etwas, das dich ruhig werden lässt,
- dazu eine Prise für gleichmäßiges, tiefes Atmen,
- und ausreichend Zutaten zum Wohlfühlen (eine angenehme Stimme, ein 100-Meter-Sprint, dein Baumhaus, die Badewanne…).

Atmung

Stress verändert deine Atmung – sie wird schneller oder ganz flach. Stressstoffe können so nicht abgebaut werden. Lege eine Hand auf deinen Bauch. Versuche zu spüren, wie er sich hebt und senkt. Suche dir ein Entspannungswort, mit mindestens drei Silben (Zau-ber-stab ist gut zum Anfangen, Scho-ko-la-den-frosch schon schwerer). Dieses Wort sagst du dir leise beim Ausatmen vor. Bei jeder Silbe „verlierst" du etwas mehr Luft, bis keine mehr übrig ist. Wie viele Silben schaffst du?

Das wandernde Licht

Erst lesen, dann ausprobieren. Du brauchst einen Ort, an dem du ungestört bist und dich wohl fühlst. Schalte ruhige Musik ein, wenn sie dir beim Entspannen hilft.

● Setz oder leg dich bequem hin, und schließ die Augen.
● Atme tief und gleichmäßig.
● Stell dir ein Licht vor, das zwischen deinen Augenbrauen entsteht. Eine orange-gelb strahlende kleine Kugel, die mit ihren Strahlen deine Stirn glättet und angenehm deine Haut erwärmt.
● Sie wandert langsam durch deinen ganzen Körper. Überall entspannt und lockert sie die Muskeln und lässt angenehme Wärme zurück.
● Genieß das Gefühl besonders in deinen Schultern, in der Brust und im Bauch.

Wenn das Licht deine Zehen erreicht hat, lässt du es verblassen. Öffne die Augen, wenn es verschwunden ist.

Maori-Style (für Klassenräume ungeeignet)

Attacke auf die Anspannung! Die Ureinwohner von Neuseeland entspannen sich vor einem Kampf so: Sie brüllen, mit weit herausgestreckter Zunge und aufgerissenen Augen. Funktioniert. Todsicher.

Für den Kopf-Typ:

Platz für klare Gedanken

Wenn der Stress und die Prüfungsangst dich im Griff haben, beginnen deine Gedanken zu kreisen. Du hast dann wirkliche Panikmacher in deinem Kopf. Lass dich nicht umzingeln!

Tipp Nr. 1: Führe ein Chaos-Tagebuch!

Beschwörungsformeln

„Mann, bin ich doof!", flucht Sascha leise, als ihm der Füller runterfällt. Was hat Intelligenz mit kleinen Pannen zu tun? Menschen kommentieren gerne, was sie tun. Während einer Prüfung kann das so klingen: „Kein Durchblick schon bei der ersten Aufgabe. Ich kann mich einfach nicht konzentrieren. Ich Niete kapier hier wirklich gar nichts!" Unhörbare Zweifel, Beschimpfungen und Selbstvorwürfe. Diese Selbstbeschwörungen rauben deine Zeit und deine Nerven. Mit positiven Beschwörungsformeln beim Lernen oder in Prüfungen gibst du solchen Gedankenkreisen keine Chance. Sag einfach nur, was du tust: „Ich lese ein Anti-Stress-Buch." Gib dir selbst gute Tipps und motiviere dich: „Ich lasse Geräusche einfach vorbeiziehen. Ich lese konzentriert." Mach dir Komplimente, du hast allen Grund dazu: „Ganz schön schlau von mir, etwas gegen Prüfungsangst zu unternehmen." Probier es aus!

Pizza „Doppelt Käse"

Spucke im Mund? Geruch in der Nase? Bilder lösen Gefühle aus. Das kannst du ausnutzen, um kreisende Gedanken zu unterbrechen. Lass in deinem Kopf Bilder auftauchen: beruhigende (deine Oma im Schaukelstuhl), lustige (du hältst dein Referat vor einem Schwarm Gewürzgurken) oder stolze Bilder (dein erster Platz beim Tango-Turnier).

Meditation für Einsteiger

Auf Räucherstäbchen und Lotus-Sitz kannst du getrost verzichten. Meditation ist eine perfekte Anti-Grübel-Technik. Du lässt die Gedanken wegfließen und hast wieder Raum für klare neue Ideen.

Du brauchst einen ungestörten Platz. Konzentriere dich auf die Geräusche im Raum und in dir selbst. Werde langsam ruhiger (eine brennende Kerze oder geschlossene Augen helfen dir). Du wirst bald merken, dass in deinem Kopf eine Menge herumtobt. Schau dir die einzelnen Gedanken an, ohne über sie zu grübeln. Blinzle (in deiner Vorstellung) einmal, und sie verwandeln sich in Wassertropfen, die zusammenströmen und wegfließen, oder in Seifenblasen, die schwebend immer kleiner werden. Atme nach jedem verschwundenen Gedankenbild ruhig aus. Wenn sich keine Gedanken mehr verwandeln wollen, genieße das erleichterte Gefühl in dir. Komm langsam zurück, und beginn dann mit deiner Arbeit.

Für den Fuß-Typ:

Anfangen statt abhauen

Schon merkwürdig, was man alles so unternimmt, wenn Stress auftaucht. Erst mal hinlegen („nur zehn Minuten"), Wichtigeres erledigen… Hier findest du ein paar gute Strategien, um doch noch zu einem Anfang zu kommen.

Dialog mit der Angst

Das, was deine Füße bewegt, ist Angst. Angst, dich zu melden, zu versagen, schlechter zu sein als andere. Wenn du sie nicht verscheuchst, kann deine Angst sprechen. Unterhalte dich mit ihr. Du kannst sie fragen, warum sie wieder mal vorbeigekommen ist (vielleicht möchte sie etwas für dich tun?): „Angst, was müsste ich machen, damit du kleiner wirst?" Möglicherweise verrät sie dir, womit du sie beruhigen kannst.

Rituale gegen Ladehemmung

Marco feilt seine Fingernägel, Tina deckt ihren Computer ab, Sandra kaut eine Karotte. Sie sitzen dabei an ihrem Schreibtisch und haben ihr Lernmaterial vor sich liegen. Es sind nicht einfach Gewohnheiten. Es sind ihre Rituale, also Zeichen dafür, dass jetzt Lernen auf dem Programm steht. Versuch für dich so ein persönliches Startsignal zu finden. Es sollte angenehm und sichtbar sein und ein eindeutiges Ende haben (ein PC-Spiel gilt nicht).

Bühne frei für Jan

Kleiner Test für dich und deine Freunde: Malt euch ein Ohr blau an oder tragt die alten Hüte eurer Eltern. Dann geht ihr in die Fußgängerzone. Was passiert? Wahrscheinlich benehmt ihr euch anders als sonst. Was das mit Stress zu tun hat? Hast du dir schon mal gewünscht, so ruhig wie Jan oder so organisiert wie Silke zu sein?

Wenn man sich hinter einem Requisit oder einer Rolle verstecken kann, fühlt man sich häufig viel sicherer und kann sein eigenes Verhalten besser kontrollieren. Also versetze dich in Jan. Wie steht und redet er? Wie hält er seine Hände? Was tut er, um sich wohl zu fühlen? Du darfst alle Eigenheiten übernehmen, bis du mit deinem eigenen Stil zufrieden bist.

Kartentricks

„Ich liebe Latein!", steht auf der Schreibtischlampe meiner Freundin. Solche Botschaften kannst du gezielt an den Orten verteilen, zu denen dich deine nervösen Füße tragen. Sie erinnern dich freundlich daran, dass du dich gerade selbst austrickst. Der Deckel der Keksdose wird mit schweren französischen Vokabeln gespickt, auf dem Fernseher klebt die chemische Formel für Glukose, und die Klotür warnt: „In 30 Sekunden wird der Sitz gesprengt." Sehr sinnvoll sind beruhigende Karten in deinen Unterlagen für ein Referat: „Ich atme lange aus. Dann rede ich ruhig weiter."

Tu es!

So tun, als ob nichts wäre, die Arbeit vor sich herschieben, Hausaufgaben vergessen, was Besseres vorhaben … Du kennst deine eigenen Tricks ganz genau. Erstell eine Liste dieser Anti-Lern-Tricks. Sie rauben dir Ruhe und Energie, die du zum Lernen brauchst, und mit jeder Sekunde Aufschub erhöht sich dein Stress. Gib dir lieber die Chance, auch gute Erfahrungen mit dem Lernen zu machen. Fang an, zu arbeiten! Irgendwo. Action!

Und noch mehr Tipps für die Prüfung

- Wenn du dein Lernen geplant hast, vergiss das Ziel und konzentriere dich auf die einzelnen Lernschritte.
- Wenn du Dauerlerner bist, der immer noch mehr machen muss, dann lerne heute nur für die Note 4. Das reicht aus!
- Hör nicht darauf, was andere über ihr Lernen sagen. Es stimmt nie und stresst dich garantiert.
- Lern deine Lehrer persönlich kennen, und lass dir nichts über sie einreden („Der kann Mädchen nicht leiden.").
- Erinnere dich an ähnliche Situationen, die du gut gemeistert hast. Wie hast du das damals geschafft?
- Leg dir einen Talisman zu, der dich an eine sehr entspannte Situation erinnert.
- Es gibt ein Leben nach der Prüfung. Plane schon vor der Prüfung etwas für den Tag danach.

Nichts gefunden?

Dein Stress ist einfach nicht in den Griff zu kriegen? Willst du etwas verändern? Schauen wir noch mal bei Sascha vorbei: Er hat Prüfungsangst. „Black-outs" erlebt Sascha fast in jeder Klassenarbeit. Er lernt deshalb täglich vier Stunden. Wenn er das ändern könnte, hätte er viel mehr Zeit für seinen Sport. Aber vielleicht müsste er dann eingestehen, dass er ein guter und entspannter Realschüler wäre, aber seine Leistungen in vielen Fächern für das Gymnasium nicht ausreichen.

Gestresst sein, kann dir also auch Vorteile bringen. Solange du nämlich überfordert bist, musst du dich nicht auf etwas Neues einlassen und nicht erkennen, dass du von dem, was du tust, eigentlich gar nicht überzeugt bist. Hör auf dich!

Zusammenfassung

● Noten, Zensuren und Kritik beeinflussen das Selbstwertgefühl. Unternimm deshalb auch außerhalb der Schule etwas für dein Gefühl, wertvoll zu sein durch jede Aktion, die dir zeigt, dass du Positives erreichen kannst.

● Prüfungsangst kannst du leichter kontrollieren, wenn du auch außerhalb von Prüfungsphasen übst, dich zu entspannen.

4. Beziehungen
– der Mega-Stress

Warum ecke ich eigentlich immer an?

Tut lästern gut?

„Wahre Freundschaft kennt keinen Streit"
– stimmt das?

„Was meine Eltern sagen, stimmt meistens. Ich kann mich gut an ihnen orientieren."

„Ich lebe, um Spaß zu haben. Ändern kann man sowieso nichts."

„Die Einstellung meiner Eltern passt nicht zu mir. Das Leben geht doch an ihnen vorbei. Da muss man anders rangehen. Meine Freunde sehen das auch so."

„Ich komme alleine klar. Ich weiß, was gut für mich ist und bilde mir meine Meinung selbst. Die anderen sollten das auch so machen. Jeder ist für sich selbst verantwortlich."

„Ich denke ziemlich unabhängig, aber auch die Meinung der anderen finde ich wichtig. Es ist nicht immer leicht, herauszufinden, wie man entscheiden und handeln soll. Verschiedene Blickwinkel helfen mir dabei."

Du veränderst dich! Deine Art mit dir selbst, mit Menschen und Dingen umzugehen. Die Meinungen oben gehören zu dieser Entwicklung. Jeder Mensch stimmt ihnen irgendwann zu. Immer wenn du dich weiter veränderst, muss die Welt sich neu auf dich einstellen und du dich auf sie. Was gibt das? Richtig: Mega-Stress. Und was kommt dabei raus? Du bist selbstbewusster und erfahrener als vorher.

Stress mit dir selbst
und anderen

Viel mehr als unsere Fähigkeiten, zeigen uns unsere Entscheidungen, wer wir wirklich sind. Harry Potter, Bd. 2

Tom steht morgens vor dem Kleiderschrank. Welcher Pulli wird es heute? Der grüne ist stylish, der orangefarbene gefällt Anne bestimmt, blau – zu langweilig. Also orange. Beim Frühstück ätzt sein Vater: „Was die Kids heute tragen… Davon wird man ja blind." Nervig, aber kein Grund sich umzuziehen. Annes Begrüßung in der Schule: „Was ist denn das für ein Müllabfuhr-Monster? Diese poppigen Dinger sind doch total out. Ich trag nur noch natur." Tom bleibt kurz die Luft weg und dann? Am nächsten Morgen steht er wieder vor dem Kleiderschrank… Wenn du dringend etwas ändern musst bei dir und deinen Mitmenschen, dann bist du im Beziehungsstress. Das Pulli-Problem hat alles, was so ein gesunder Beziehungsstress braucht:

● Toms Erwartungen an Anne (Wie soll sie reagieren?)
● Toms Erwartungen an sich selbst (Wie will ich sein?)
● Toms Erfahrungen (Wie wirke ich auf andere?)
● Erwartungen an Tom (Wie ist er? Wie soll er sich verhalten?)
● Toms Reaktion (Wie kann ich die Situation verändern?)

Verbunden sind diese Punkte durch Toms Entscheidungen. Wenn du die Entscheidungen eines Menschen betrachtest, kannst du deshalb eine Menge über ihn erfahren.

Lieb mich – aber sofort!

Ein Pulli als Anfang einer Freundschaftskrise? Schon möglich. Wenn Anne sonst poppige Farben mag und Tom sich genau deshalb den Pulli gekauft hat. Weil andere zuhören und Tom sich von Anne bloßgestellt fühlt. Oder weil Tom morgens noch keine Kritik an seinem Aussehen vertragen kann. Tom erwartet von einer Freundin, dass sie ihm gibt, was er sich wünscht: Anerkennung, Aufmerksamkeit, die Sicherheit, dass sie ihn mag. Dadurch macht er sich von Annes Urteil ein klein wenig abhängig. Wenn sie ihn enttäuscht, überlegt er sich, ob sie wirklich Freunde sind. Ist das fair?

● Freunde, Eltern, Lehrer: Was erwartest du von anderen? Wie sollen sie mit dir umgehen?

● Stimmt das Bild, das du dir von anderen gemacht hast? Was ändert sich, wenn sie nicht genauso sind?

● Lob dich selbst. Was sind deine Stärken, deine Talente, deine Schwächen – ganz unabhängig vom Urteil anderer?

● Akzeptier Kritik und das „Nein" deiner Mitmenschen. Sie sind nicht deine Anerkennungsmaschinen.

Du wirst nie völlig frei vom Urteil anderer sein. Und das ist gut so. So lernst du dich selbst kennen. Tom hat Anne z. B. gezeigt, dass ihre Meinung für ihn wichtig ist. Wenn du deine Erwartungen an andere verstehst, wirst du fairer im Umgang mit Beziehungsstress.

Beliebt, besser als andere und vor allem perfekt

Wenn du davon träumst, wie du gerne wärst, dann vergiss nicht die Person, die du bist. (anonym)

Nicht nur deine Erwartungen an andere bringen dich in Stress. Auch die, die du an dich selbst hast. Hast du dich schon mal dabei ertappt, dass du dir dramatische Szenen vorstellst? Vorhang auf: Deine Freundin ist verzweifelt, ihr Freund will sie verlassen. Mutig greifst du zum Telefon und stellst ihn zur Rede. Du schützt deinen kleinen Bruder davor, über eine Felskante zu stürzen. An deinem Grab stehen unendlich viele Menschen und betrauern dich. Das ist so traurig, dass du selbst heulen könntest.

In solchen Szenen achten die Menschen auf dich, du wirst anerkannt und gelobt, du bist besser als andere ...

● Wie sehen deine Heldenszenen aus?
● Bist du aktiv, stark und hast die Situation unter Kontrolle?
● Überzeugst du durch Durchblick und Perfektion?
● Machst du andere durch deine Freundlichkeit glücklich?
● Beeindruckst du durch die Geschwindigkeit und das Geschick, mit dem du schwierige Probleme löst?

In deinem Kopf gibt es also Heldensätze wie: Sei stark. Sei immer freundlich. Sei perfekt und ordentlich. Sei schnell. Diese Sätze sind deine Selbsterwartungen. Wie willst du sein, um von dir selbst gemocht zu werden?

Wer hat schon immer den Durchblick? Von einem Freund würdest du das nie erwarten. Warum erwartest du es von dir?

- Wann haben dir deine Heldensätze schon mal geholfen?
- Wann beeinflussen sie, was du tust? Musst du es allen recht machen, immer beliebt oder der Beste sein?
- Was passiert wirklich, wenn du deine Erwartungen nicht erfüllen kannst?
- Erweitere deine Heldensätze. Zum Beispiel: Ich will ein freundlicher Mensch sein. Aber ich werde auch gemocht, wenn ich mal stinksauer bin.

Deine Selbsterwartungen verleihen dir Fähigkeiten wie Ausdauer und Durchsetzungsvermögen, aber sie setzen dich auch unter Druck. So hast du Stress mit dir selbst.

Deine Erfahrungen

Kennst du Menschen, die wild mit den Händen fuchteln und laut summen, wenn sie von einer Mückenjagd berichten? Erzähle deine Geschichten, besonders, wenn du sie nicht verstehst. Freunden, deiner Großmutter, völlig Fremden und manchmal auch nur dir selbst. Erzählen ist nämlich wie Nachdenken. Es verwandelt deine Erlebnisse in Erfahrungen. So fängst du an, dich besser zu verstehen. Und wenn du etwas verstanden hast, dann fühlst du dich in deiner nächsten Entscheidung viel sicherer. Nur die Erlebnisse, die du unbedingt vergessen willst, sind schlecht.

„Schau mal die! Die läuft ja unmöglich rum. Die Haare! Und wie die lacht! Völlig künstlich."

Wird in deiner Clique oft gelästert? Normal! Yep, es setzt eine Norm. Eine Norm ist eine Regel, an die sich eine Gruppe hält. Dabei geht es oft nicht um die Einschätzung von Menschen, sondern um eure Abgrenzung. Deine Clique zeigt damit, dass ihr so nicht sein wollt. Klamotten, Lachen, Leute gut finden – wenn du dazugehören willst, musst du dich anpassen. Diese intolerante Haltung ist für beide Seiten Stress. Auch in deiner Familie werden Normen gesetzt:

● Du bist wie dein Vater.
● Du kannst viel mehr, du willst nur nicht.
● Jungs weinen nicht.
● Niemand wird dich je so lieben wie deine Mutter.

Solche Normen sollen dir helfen. Stimmen sie für dich? Egal, ob Eltern oder Freunde. Was andere von dir erwarten und wie du bist, sollte übereinstimmen. Wehr dich dagegen, wenn du fühlst, dass etwas Falsches von dir erwartet wird. Pass dich nicht einfach an aus Angst vor Stress! Verständnis gegen Familienstress: Find heraus, was deinen Eltern wichtig ist. Was begeistert sie? Was wünschen sie sich? Wovor haben sie Angst? Frag sie als Klaus und Marie, nicht als Papa und Mama. Welche Geschichten haben sie zu erzählen?

Wie wird man Beziehungsstress denn los? Muss man wirklich über alles reden? Wie hat Tom eigentlich reagiert (S. 50)?

● Humor: „Orange und natur passen doch gut zusammen!"
● Schmollen: „Nie mach ich dir was recht."
● Vorwurf: „Du bist schon genau wie mein Vater."
● Anpassung: „Die anderen waren alle in der Wäsche."
● Flucht: „Ach, lass mich in Ruhe."
● Rache: „Naturfarben machen dich blass und hässlich!"
● Nachfragen: „Was ist dir denn über die Leber gelaufen?"
● Ablenkung: „Eigentlich finde ich Schwarz am schönsten."
● Trotz: „Gewöhn dich dran, das ist mein Stil."

Was fällt dir noch ein? Und was sagt Anne zu diesen Antworten? Welche Reaktion wäre für dich die richtige?

Der erste Schritt

Tom hat einfach geschwiegen, und in seinem Kopf beginnt großes Kino: „Warum ist Anne so pampig heute? Hab ich was falsch gemacht?" Je länger der Film läuft, desto größer wird der Stress. Irgendwann fragst du dich, wer die Schuld trägt und den ersten Schritt machen muss. Spätestens dann musst du dringend das Happy End einläuten. In Wirklichkeit ist alles viel normaler als in deinem Kopfkino. Zeig, dass du am Anderen interessiert bist. Ruf an! Frag nach! Schreib einen Brief …

Streiten!

Manche Menschen verletzen dich bewusst. Sie wollen sich auf deine Kosten stärker fühlen. Andere verletzen dich, ohne es zu wollen. So wie Anne Tom. Streiten bedeutet, sich selbst und andere ernst zu nehmen und Verletzungen zu verarzten. Wie klärst du normalerweise Probleme? Es gibt vier Möglichkeiten für dich und deine Mitstreiter:

1. Der große Teppich. Ihr habt Besen in den Händen. Schweigend kehrt ihr euren Ärger und eure Vorstellungen unter den Teppich. Nicht sehr gemütlich auf Dauer.
2. Das Tischtennisspiel. Sportlich? Hier wird das Problem wortreich hin und her geschlagen. Jeder will unbedingt am Ende der Sieger sein.
3. Der Scherbenhaufen. Geschirr zerschellt auf dem Boden. Jeder zerstört möglichst viele Teller des anderen. Auch schönes Geschirr, das eigentlich beide gemocht haben. Ob man da noch was kleben kann?
4. Der Mülleimer. Wenn ein Geschenk ausgepackt wurde, kann man das Papier wegwerfen. Das Auspacken kann manchmal ganz schön mühsam sein. Wichtig ist, was bleibt. Und meistens ist es neu, und du freust dich darüber.

Tom ärgert sich über seinen Vater. Aber im Moment kehrt er das noch unter den Teppich. Bei Anne will er das nicht. Aber wie streitet man sich, ohne sich zu zerstreiten?

Tom erklärt Anne, über was er mit ihr sprechen will. Anne nimmt ihren Freund sehr ernst, aber auch sie muss erst mal nachdenken. Was hält sie selbst von dem Pulli-Problem? Was fühlt und befürchtet sie? Warum ist ihr Tom so wichtig? Was wünscht sie sich eigentlich? Streitregeln, die du schon kennst:

- Ihr hört einander zu und lasst euch aussprechen.
- Ihr seid sachlich. Vorwürfe machen gilt nicht.
- Ihr fragt nach, um zu verstehen, was der andere meint.
- Ihr lasst euch von jemandem helfen, dem ihr beide vertraut.
- Ihr vereinbart Verschwiegenheit.

Und so geht's weiter:

1. Wo? An einem „neutralen" Ort, wo ihr euch wohlfühlt.
2. Was wollt ihr klären? Nehmt euch nur ein Problem vor.
3. Was sind eure Standpunkte? Erklärt sie nacheinander.
4. Was würdet ihr euch wünschen. Was wäre ideal?
5. Was fühlt und befürchtet ihr bei dem Problem? Warum wollt ihr es klären?
6. Sammelt Vorschläge zur Lösung des Problems.
7. Diskutiert dann die einzelnen Lösungsmöglichkeiten.
8. Wenn ihr euch jetzt nicht einigen könnt, lauft nicht ärgerlich weg. Klärt, wie und wann ihr weiterreden wollt.
9. Versucht, eine 2-Gewinner-Lösung zu finden.

Zusammenfassung

- Beziehungen hast du mit allen Menschen, die du kennst. Stress in Beziehungen entsteht dann, wenn deine Erwartungen und die der anderen nicht mehr übereinstimmen. Besonders, wenn deine Mitmenschen dich nicht so anerkennen wollen, wie du es gerne hättest. Lerne mit Kritik und Verletzungen konstruktiv umzugehen.

- Durch richtiges Streiten findest du heraus, was du willst und warum dir bestimmte Menschen und Gedanken wichtig sind. „Ihr versteht mich nicht", gilt nicht. Lerne andere Sichtweisen mit deiner zu vergleichen und nach Lösungen für Probleme zu suchen. Manchmal kann das auch eine Notlösung sein. Verändere schwierige Probleme und verschwende nicht deine Energie darauf, dich mit unangenehmen Situationen zu arrangieren.

- Erleben, Nachdenken, Erzählen und Streiten sind die Königswege zu positiven Erfahrungen. Jede Erfahrung wird zu einem Teil deiner Persönlichkeit und beeinflusst deine Entscheidungen. Du kannst aus stressigen Erlebnissen gute Erfahrungen entstehen lassen.

gegen Stress

Es gibt nur eine(n), der oder die dir Gelassenheit geben kann: du selbst. Vielleicht bist du während des Lesens über ein paar Hinweise gestolpert, die du dir merken möchtest. Hier ist dein Spickzettel gegen Stress:

Im Alltag stresst mich am meisten

Ich werde deshalb

Meine Lieblings-Sinnlichkeitsmixtur ist

Prüfungen stressen mich, weil

Mein Wort für die Atem-Entspannung

Meine Lieblings-Übung

Dieses Problem will ich klären

Das ist mir wichtig, weil

Für den Streit nehme ich mir vor

7 Promi-Tipps
für mehr Gelassenheit

Es ist nicht gut, wenn wir unseren Wünschen nachhängen und vergessen zu leben. Harry Potter, Bd. 1

Versuche nicht, die Schmetterlinge im Bauch loswerden zu wollen. Aber zeige ihnen manchmal, wie sie in Formation fliegen können. Lao Tse

Leben passiert dir, wenn du gerade beschäftigt bist, Lebenspläne zu schmieden. John Lennon

Ein Mensch, der in Gedanken vertieft ist, ist nicht untätig. Es gibt eine sichtbare Arbeit und eine unsichtbare Arbeit. Victor Hugo

Das Leben kann nur rückwärts verstanden werden, aber leben musst du es vorwärts. Sören Kierkegaard

Ich weiß nicht, was der Schlüssel zum Erfolg ist, aber der Schlüssel zum Misserfolg liegt darin, es allen recht machen zu wollen. Bill Cosby

Nenne die Dinge immer beim richtigen Namen. Die Angst vor einem Namen steigert nur die Angst vor der Sache selbst. Harry Potter, Bd. 1

Weiterführende Bücher

Hagedorn, Ortrud: *Konfliktlotsen*
Stuttgart: Klett Verlag 1994

Hipp, Barbara: *Selbstbewusstsein – fit in 30 Minuten*
Offenbach: GABAL Verlag 2000.

Konnertz, Dirk: *Mehr melden – Selbstsicherheit gewinnen*
Bayreuth: Schmidt Verlag 1998

Metzig, Werner & Schuster, Martin:
Prüfungsangst und Lampenfieber
Berlin: Springer Verlag 1997

Seiwert, Lothar J. & Konnertz, Dirk:
Zeitmanagement für Kids – fit in 30 Minuten
Offenbach: GABAL Verlag 2000

Strunz, Ulrich & Konnertz, Dirk: *Fitness – fit in 30 Minuten*
Offenbach: GABAL Verlag 2000

Watzlawick, Paul: *Anleitung zum Unglücklichsein*
München: Piper 1988

… und wenn du Hilfe brauchst:
Kinder- und Jugendtelefon: 08 00 - 1 11 03 33

Adrenalin 15 ff., 21, 26 f.

Alkohol 32

Angst 11, 44

Anti-Lern-Tricks 46

Anti-Stress-Technik 19, 25

Atmung 16, 40

Bauch-Typen 18, 40

Black-out 16, 47

Blutdruck 15 f.

Chaos-Tagebuch 42

Entspannung 25

Entspannungsübungen 18, 59

Ernährung 26, 33

Erwartungen 52, 58

Fernsehen 32

Freundschaftskrise 51

Fuß-Typen 19, 40, 44

Helden-Sätze 52 f.

Herzschlag 15

Kartentricks 45

Kopf-Typen 19, 40, 42

Langeweile 9, 27, 37

Leistungsstressor 23

Meditation 43

Mentales Training 39

Normen 54

Ordnung 27

Physikalischer Stressor 23

Prüfungsangst 35, 40, 42, 47

Quetsch-Termine 24

Rituale 44

Schlaf 33

Schulstress 35 f.

Selbstwertgefühl 38 f., 47

Selbstzerstörung 32

Sinnlichkeit 30

Sinnlichkeitsmixtur 59

Sozialer Stressor 23

Spannungswippe 12 f., 17

Spaß 11, 19, 21

Sport 26, 33

Streiten 56, 58 f.

Streitregeln 57

Stress

– Beziehungsstress 50 f., 55

– Disstress 13, 16 f., 22, 28, 32 f.

– Eustress 13

– Familienstress 54

– Freu-Stress 13

– Mies-Stress 13

– Schulstress 35 f.

Stresskrankheiten 17

Stressor 22 f.

Stresstest 8

Stresstypen 14

Stresszirkel 25

Zeit 24